U0067427

語言可以這樣玩

兒童語言發展遊戲與活動

王派仁、何美雪 著

作者簡介

王派仁

- **學歷**：國立嘉義大學國民教育研究所博士候選人
- **現職**：臺中市大肚區山陽國小校長
- **經歷**：靜宜大學兼任講師、中臺科技大學兼任講師、教科書主編
- **著作**：過五關學修辭、活動作文學習單、遊戲作文學習單（以上為螢火蟲出版社）、走出教室學更多（天衛文化）、多元描寫作文（華祥兒童文教出版社）、走著橋：古橋的閱讀與旅行、超好玩歷史：走！出門看臺灣故事、不花一毛錢的小旅行：超有料博物館（2014 年好書大家讀年度最佳少年讀物）、老台灣新人類：他們的故事我們的生活（2016年好書大家讀知識類推薦少年讀物）（以上為五南出版社）、十五道記憶與愛的料理（童廷基金會出版）
- **得獎**：大墩文學獎第十二屆報導文學類首獎、磺溪文學獎第十三屆報導文學類首獎、第十六屆雲林文化藝術獎／文學獎報導文學首獎、第十二屆、第二十一屆磺溪文學獎報導文學類優選、台中縣第一屆、第二屆、第十二屆文學獎報導文學類、玉山文學獎第十七屆報導文學類優選

何美雪

- **學歷**：國立彰化師範大學輔導與諮商研究所博士
- **現職**：寬和心理諮商所所長
  國立臺中教育大學諮商與應用心理學系兼任助理教授
- **經歷**：中臺科技大學幼兒保育系兼任講師
  社福機構諮商心理師及督導
  國小專任輔導教師團體督導
  台灣遊戲治療學會秘書長

作者序

　　寫這本書的動機很簡單，筆者在大專院校兼課教授兒童語言發展，然而在尋覓學生教科書的過程中，卻總是發現這類書籍大概有兩種情況，一是多為翻譯的作品，若是翻譯的功力不佳，叫人讀來猶如嚼蠟，再者書中的外國語言舉例脈絡不同於中文，因而讓許多入門者難以心領神會；另一種情況則為過度偏向理論，但是對於和兒童直接接觸的父母或老師，要將之轉化在兒童身上並不容易。

　　就這樣，興起了寫一本以中文為事例，而且能夠為父母或小學、幼稚園現場教師使用的語言發展活動設計的作品。然而，當開始進行本書大綱的規劃時，除了在大專院校授課的課程內容，過去累積多年的國小教師與為人父母的經驗，卻自然被喚醒，成為本書活動設計的靈感泉源。

　　兒童語言學習的能力，恐怕是人類所有心智活動中，最不可思議而叫人發出讚嘆者，洪蘭也認為人類最偉大的不是科技上的各種發明，而是每一個正常的小孩都學會說話和語言，而且都是無師自通，學得毫不費力。

　　當然，除了源自於天賦，兒童在語言的學習上，更需要後天的協助與引導。所以，本書的主要理論依據乃是源自於 Vygotsky 的鷹架理論，著重在兒童透過與教師或父母等成人、同儕的互動，有助於其語言認知發展連結的發生。進一步配合兒童的語言發展過程與階段，設計兒童與成人或同儕互動的有系統與結構性的活動或遊戲，期能有效促進兒童的

語言發展。

　　筆者希望透過這本書，能提供給教學現場的教師，還有為人父母者，在致力於兒童語言發展的過程中，貢獻綿薄之力。書中的活動或遊戲設計，大體上植基於以下的想法：

　　一、強調親子與同儕的互動：活動奠基在親子與同儕的互動，希望能為兒童搭起語言發展的鷹架。

　　二、符合兒童生活經驗：本書中的遊戲以符合兒童生活經驗為圭臬，不但引發其認同與興趣，更使得兒童能夠有效的從實際發展區提升到最近發展區。

　　三、簡單、易玩、有趣：活動盡量不用道具，也不受場地的限制。

　　四、與閱讀、表演、聆聽結合：強調全語言的統整是語文能力發展的有效方式，結合了繪本閱讀、專心聆聽與借助表演活動等多元的方式來啟發兒童的語言能力。

　　五、藉由圖畫和語言發展的統整：透過學前兒童在繪畫上的興趣與能力，和語言的發展做統整，也是本書中常見的活動。

　　六、配合兒童語言發展的階段：本書在設計上，分成適合語言發展前期與後期兩個部分。

　　七、啟發兒童的創造思考習慣與能力：本書中的活動除了做為培養兒童的語言發展，也藉此啟發兒童流暢、變通、獨創與精進等創造思考能力。

　　感謝心理出版社的總編林敬堯先生提供這樣的機會，也謝謝林怡倩與李晶兩位編輯的幫忙，當然也要感謝過去使我們能夠獲得教學相長的所有學生，以及家中兩個小朋友（王誠、王謙），因為他們是本書中多數活動設計的靈感來源與實驗對象。

王派仁

目錄

理論篇

壹、前言／2

貳、兒童的語言發展階段／3

參、影響兒童語言發展的
相關因素探討／6

肆、Vygotsky 的社會文化
認知導向理論探究／9

伍、有助兒童語言發展的
活動及其特徵／11

陸、結語／14

實務篇

壹、語義與語音

1-1　我吃蛋糕，你吃桌子／18

1-2　在羊群中找出狼／20

1-3　當頭棒喝／22

1-4　動物動物跳／24

1-5　彩色語詞自由配／26

1-6　五味語詞自由配／28

1-7　神秘箱的秘密／30

1-8　我們一起逛賣場／32

1-9　警察一大早在菜市場唱歌／34

1-10　接龍到終點／36

貳、語法

2-1　我們跳舞在草地上一大早／38

2-2　豬尾巴／40

2-3　發生什麼事了？／42

2-4　我們去逛菜市場／44

2-5　表情猜一猜／46

2-6　我的單位詞繪本／48

2-7　打電話遊戲～祖孫對話篇／50

2-8　打電話遊戲～留言篇／52

參、語詞到句子

3-1 套餐自由配,獎金步步高／54

3-2 開著車子去遊玩／56

3-3 你來說,我來演／58

3-4 彩虹上的文句／60

3-5 小鳥在樹上吱吱叫／62

肆、句與句

4-1 表情七十二變／64

4-2 動作七十二變／66

4-3 聲音進行曲／68

4-4 報紙變變變／70

4-5 邊畫邊說／72

4-6 語詞連、加、變(一)／74

4-7 語詞連、加、變(二)／76

伍、創造力

5-1 邀請阿媽去聚餐／78

5-2 擲骰子說句子／80

5-3 王子變青蛙／82

5-4 恐龍在侏儸紀公園幫小朋友拔牙齒／84

5-5 翻書說故事／86

陸、綜合

6-1 跑步快得像火箭／88

6-2 我的最愛／90

6-3 晾衣服玩遊戲／92

6-4 形容詞猜一猜～食物篇／94

6-5 形容詞猜一猜～物品篇／96

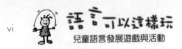

理論篇

壹、前言

　　語言可以說是人類異於其他動物的複雜又精密的溝通符碼，藉由語言個體可以表達自己的思想；透過語言個體才能和他人進行溝通；經由語言人類得以傳遞其文化。

　　兒童語言學習的能力，恐怕是人類所有心智活動中，最不可思議而叫人發出讚嘆者，洪蘭教授也認為人類最偉大的不是科技上的各種發明，而是每一個正常的小孩都學會說話，而且都是無師自通，學得毫不費力（洪蘭譯，2002）。

　　然而兒童從開口說出第一句話，到漸漸習得複雜的語言結構，學者們有不同的觀點和理論。有的強調天賦，有的重視經驗，當然愈來愈多的學者強調兩者的密不可分（黃淑俐譯，2002；靳洪剛，1994；盧璐，2004）。也就是說，儘管人類演化已使我們具有利於語言發展的本能與機制，後天環境的刺激或模仿仍然必要。換句話說，充分的認知及語言刺激、較多的語言溝通機會，對兒童的語言發展仍然是非常重要的。

　　筆者則認為，兒童從出生後牙牙學語，所需要的能力應該是較多藉助於先天的能力，至於進入到愈來愈複雜的語句結構，以及深入到語言的文化意涵，則後天環境的影響與同儕或成人的互動，應該是較為關鍵的因素。

　　而當我們審視Vygotsky的認知發展理論時，我們更會發現對兒童語言發展的意涵：一是認知思維和語言發展的密切關係，另外則是成人對兒童學習的鷹架作用。

　　因此筆者認為兒童語言發展與學習的過程中，必須同時與其認知發展產生連結與互動，而透過教師或父母等成人、同儕的互動中，將有助於此一互動與連結的發生。而如果能配合兒童的語言發展過程與階段，

設計兒童與成人或同儕互動的有系統與結構性的活動或遊戲，將能有效促進兒童的語言發展。

以下將分別從兒童的語言發展階段、兒童語言發展的相關因素、Vygotsky 的認知發展理論與兒童語言發展的關聯，以及本書中所編寫的兒童語言認知發展活動的特色等，進行分析與闡述，並且作為本書的基本論點。

貳、兒童的語言發展階段

以下將分別探討語言構成的要素，與兒童語言發展的過程，前者可作為對語言內涵與結構的釐清，後者則是認識不同年齡階段兒童，語言發展的過程與特徵。

一 語言的構成要素

就語言的表達方式而言，包括了聽、說、讀、寫和肢體語言五種。而就語言的構成要素，靳洪剛則認為可分成三個層次，分別是語音層次、語義層次、語法層次。而林燕宗（2004）引用 Palmer 與 Yantis 的意見，指出語言的構成要素而可細分為語義、語法、語音、語形和語用等五種。茲採取後者的分類方式，分述如下：

1. 語義：語言所代表的涵義，可能是一個字、一個詞或一句話。然而對於語義的了解，尚牽涉到人們的宏觀知識，以及對語義本身的演繹。筆者甚至認為，還包括談話時詮釋者對脈絡與情境的掌握。

2. 語法：是指語言的結構，包含了規則與順序，將字詞組合成有意義的句子。而且句子的意義取決於詞的意義和句法結構。

3. 語音：語言所發出的聲音，有其特定的結構。藉由語音知識，人

們判斷何者爲音素，何者爲非音素。至於兒童語調和聲調的獲
得，在詞彙之前就已完成（靳洪剛，1994）。

4. 語用：能在不同時間、地點與情境，使用適當的語言，達到有效
的溝通目的。

5. 語形：兒童以不同的聲音來表達和辨別語義的特徵，也就是語言
的聲音和符號，對於語言意義的傳達和訊息接收有很大幫助。

從上述的分析，讓我們知道，語言有其複雜的內涵與層次，兒童在
語言發展的過程中，必須明白與運用上述的結構與規則，才能透過語言
來表達思想、情感，進而與他人溝通。

二 兒童語言發展的階段

筆者綜合了幾位學者的意見（朱美如，2003；張炳鑫，2001；黃淑
俐，2002；靳洪剛，1994；盧璐，2004），整理與分析兒童語言發展階
段與特徵，詳如表1。

此外，靳洪剛（1994）則將兒童的語言發展分成早期與後期兩個階
段，早期階段是一到三歲，後期階段是指四到十歲。本書中特別重視兒
童與成人或同儕的互動，能夠促進兒童的語言發展，因此書後實務篇的
活動，其對象偏向於三歲到十歲的兒童。

表 1　兒童語言發展階段與特徵一覽表

語言階段	時　間	語言發展特徵	說　　明
語言準備期	出生	哭啼	以不同的哭啼聲表達需求，父母能夠分辨出不同的哭啼聲與需求。
	六週	咕咕	運用發聲器官，如唇、舌、口發出咕咕之聲，與ㄚ、ㄛ、ㄨ等聲音很接近。
	四到八個月	牙牙學語	發出咿咿呀呀等，接近成人的聲音；即使聾啞兒童也經歷這一階段。
	九到十二個月	單字期	開始說第一個字，回應他人的聲音發出有意義的單字ㄅㄚ、ㄇㄚ。這一階段是語言發展的最初階段。
語言發展期	一歲到兩歲	雙字期與詞綴變化	字彙大量增加，兒童將兩個字或詞組合在一起，形成不同的語義和語法。
雙語期與三語期	兩歲到三歲	疑問／否定句	兩歲左右開始說比較完整的句子。兒童不斷問為什麼，到了三歲左右，開始懂得用社交語言達成目的，例如說「請」、「謝謝」。
完整句子期	三歲到四歲	簡單句到複雜句	句子更長，文法結構也出現了，例如會使用「因為……所以」的句子。
想像用語期	四歲到五歲	複雜或不常用結構	多數正常兒童已經可以流利的跟別人溝通敘事，完成語言初步的發展了。在語音方面，母音及音調的成熟較快，子音方面則逐漸成熟。
能言善道期	五歲到十歲	成人語言	六、七歲左右絕大多數兒童語音已發展完成，說起話來字正腔圓。

 參、影響兒童語言發展的
相關因素探討

以下將接續探究兒童語言發展的理論，以及影響兒童語言發展的因素，期能對兒童語言發展的決定性因素，有更周延的探究。

一 兒童語言發展的理論

靳洪剛指出語言具有兩種重要性：一是生理性；二是社會性。而早先的語言發展理論有各自的堅持與立場。而近年來，一種新的綜合兩者的研究，分析父母與兒童的語言交流所產生的作用，會因為情景及背景而有所差異，但兒童因此獲得豐富的語料，且對其語用能力有重要的影響。所謂的語用能力是指包含在語言中的社會規則，它讓兒童知道在什麼場合說什麼話，而這種能力不是來自於父母就是來自於兄弟姊妹（靳洪剛，1994）。

整體而言，關於兒童語言發展，一般而言不外乎經驗論（empiricism）、天賦論（natives），以及新近獲得多數學者支持的互動論。以下分述之：

(一)經驗論

強調人類語言的學習必須透過經驗與模仿而來，後天環境對語言獲得與學習具有決定性的影響。以下分別從 Bandura 的社會學習理論，與 Skinner 的操作學習論再進行分述：

1. 社會學習理論（social learning theory）：Bandura 認為語言是透過觀察、模仿，學習而來的。

2. 操作學習論（operant learning theory）：行為主義學家 Skinner 則

強調增強作用，父母和其他成年人鼓勵有意義的話語，並糾正錯誤的話語。

(二)天賦論

天賦論認為人類語言學習是與生俱來的能力，也是人類普遍存在的能力，儘管個體語言發展速度不一，但世界各地兒童語言學習過程大同小異。這是由著名語言學家Chomsky提出的語言發展理論，而認知心理學家 Pinker（洪蘭譯，1998）也認為語言是一個神經系統、一個計算的模組，甚至稱之為本能（instinct）。

Chomsky 提出透過語言獲得裝置（language acquisition device，簡稱LAD），兒童很快地學會語言。這樣的觀點就是所謂的「語言先驗派」（language nativism）認為兒童語言的獲得與其說是一種學的過程，還不如說是一種創造。

(三)互動論

人類的語言發展錯綜複雜，但是兒童語言發展與年齡、心理、認知發展有著一定的關係，所以必須配合其年齡發展的不同階段，來進行相應的培養。大多數學者贊成語言發展是先天的、後天的環境相互的互動。而認為人類語言的發展是與生俱來的本能，加上多元環境刺激及不斷學習、模仿因素交互作用，所形成的結果（林燕宗，2004）。

除了經驗論、環境論與互動論之外，尚有認知發展的作用與個人差異的作用（靳洪剛，1994）。前者的看法是認知心理學家，認為語言與思維在兒童發展過程中交互作用，而語言最能反應人生不同階段的思維能力。例如 Piaget 就認為，兒童語言發展源於兒童智力發展，例如嬰兒用手勢交際，是因為其智力發展到能運用符號思維的階段。但是Chomsky 則認為，語言是一種具有獨特發展規律的次系統，而語言與認知這兩種系統在某種程度上並沒有關聯。

　　至於個人差異的作用，則是主張兒童語言發展的方法存在個別差異。靳洪剛引用Nelson的研究，認為參考法和表達法是兒童學習與獲得語言所採用的不同方法，而且以前者居多。

　　總之，兒童語言是一個高度複雜的歷程，不同的理論，都能從某種現象與過程做註解，似乎很難只從一個理論就完全解釋與理解兒童語言的發展。研究者以為，兒童在準備期，應該是較多藉助於先天的能力，至於到了語言發展後期（四到十歲）語句結構愈來愈複雜，則需要與認知能力產生連結，而深入到語言的文化意涵時，則後天環境的影響與同儕或成人的互動，應該是較為關鍵的因素。而身為教育工作者或是家長，則應該知道兒童語言發展具個人差異的作用。

二　影響兒童語言發展的因素

　　對兒童語言發展所造成的因素是多元而複雜的，朱美如（2003）指出了九項影響兒童語言發展的因素：

1. 智力因素：兒童智力愈佳，語彙較多，語句也較長。
2. 年齡因素：兒童年齡增加，語彙較多，語句也較長。
3. 性別因素：女童口語發展較男童快約半年至一年，但進入小學後就無此差異。
4. 生理因素：聽力障礙、腦部受損與動作不協調等，均對兒童語言發展有不利影響。
5. 家庭環境因素：家庭人口數、兄弟姊妹人數、出生序或排行、父母社經水準、與父母相處時間等，均對兒童語言發展有影響。
6. 示範因素：有口語發展良好的友伴，有助於兒童語言發展與口語社交能力。
7. 學校因素：教師的教導態度、教學內容、言談音調，均和口語表達學習有關。
8. 情緒與人格因素：兒童情緒不佳、人格有偏差，均對兒童語言發

展有不利影響。

林燕宗（2004）則將上述這些因素歸類為兩大類，分別是先天因素與後天因素，茲敘述如後：

1. 先天因素：智力因素、年齡因素、性別因素、情緒與人格因素、生理因素。

2. 後天因素：家庭環境因素、模仿對象、與成人或同儕的互動。

肆、Vygotsky 的社會文化認知導向理論探究

談到語言發展與認知發展、學習的關係，Vygotsky 的理論深受重視。以下將分別敘述 Vygotsky 的認知理論概要、語言發展和認知發展的關係以及最近發展區。

一 Vygotsky 的認知理論概要

Vygotsky 的認知發展理論是一種社會文化歷史取向。張春興（1994）指出，Vygotsky 認知發展論之異於 Piaget 理論者，主要在其特別強調社會文化因素，對兒童認知發展的影響。Vygotsky 的社會認知發展論結合了個人經驗世界的發展和社會互動的觀點，認為個人透過內化、語言習得以及社會的互動，來達成個人的理論建構去適應世界。

Vygotsky 認為兒童在認知發展上，由外化而逐漸內化，由外鑠而逐漸轉為內發，由出生時的自然人，逐漸轉變為社會人。而這樣的情況說明了兒童的認知發展，是在社會學習的歷程中完成的。

二 語言的認知發展功能

張春興認為較之於 Piaget，Vygotsky 的認知發展理論特別強調語言

發展和認知發展的關係。Vygotsky 認為語言發展階段依序是：外在語言、自我中心語言、內在語言（李維譯，2000）。而 Vygotsky 特別強調自我中心語言（egocentric speech）的重要性。當兒童面臨難以解決的困難情境時，自我中心語言便會增加，而藉此紓解情緒，並幫助其思維與心智的發展。而隨著兒童能開始支配語言，語言發展和認知發展就合而為一，藉由兩者交互作用，形成促動認知發展的主要內在動力。

除此之外，Vygotsky 強調社會互動促發個人內在語言發展，所以 Vygotsky 的焦點是放在「社會互動」的文本（曾月紅，2005）。Piaget 認為自我中心語言只是兒童一種認知思維的表達方式，當兒童進入具體運思期，就會自動消失。但是 Vygotsky 則認為兒童的自我中心語言，調和了他的思維與行動，進而有助於其認知發展。也就是說，對 Vygotsky 來說，語言發展是由外而內，由外促發內在的發展。Vygotsky 認為人際互動促進字義的發展、私語（inner speech）和文化知識的獲得。首先，嘗試與他人溝通的過程會造成字義發展；若是沒有人際互動，就無法產生私語；兒童藉由會話習得文化知識，再藉由私語將這個知識與其他知識連結。

三　從實際發展區到最近發展區

Vygotsky 認知發展論之所以特別受到教育心理學界的重視，乃其在理論中提出最近發展區（zone of proximal development）的概念，對傳統的學校教育具有很大的啟示性。

Vygotsky 認為每位幼兒在成長的過程中，其能力區塊細分為實際發展區與最近發展區兩部分。他認為每位幼兒皆兼具既有能力與潛在能力。實際發展區是指幼兒本身所具備能夠解決問題的能力，最近發展區則須藉由成人或有能力的同儕協助下，所誘發出來的能力，該能力超越平時水平。

而架通實際發展區與最近發展區就需要成人所搭起的鷹架（scaffolding），也是其著名的鷹架理論。每一個孩子在實際能力和潛在能力之間存在有一段待發展的距離，而鷹架就是指孩童在成人的指導協助，或在與能力較佳的同儕合作下，得以解決問題，而到達「最近發展區」。

因此，張春興便指出 Vygotsky 的理論在教育上的涵義之一，乃是教學最佳效果產生在最近發展區，在理念上就是超越靠已知基礎求知的境地，而是將學生置於接近全知而又不能全知的境地。因此在教學上教師應有以下的作為：

1. 教師須先明白兒童的先備經驗或起點行為，評估兒童的實際能力界線在何處，並據此而能夠引導其下一步的發展。
2. 教師應掌握最佳的時機，助學生一臂之力，而達到最近發展區。
3. 學習的責任將由教師的教導逐漸移到學生身上，學生必須負起產生學習的較多責任，以便將來運用去學習更多的知識。

 ## 伍、有助兒童語言發展的 活動及其特徵

從上述相關的文獻與理論中，我們可以發現幼兒與兒童的語言發展階段、影響兒童語言發展的眾多因素，而且產生彼此的交互作用。而作者特別指出 Vygotsky 的社會文化認知導向理論，讓我們更加明確地相信兒童語言與認知發展的關聯性，以及兒童語言發展不同的階段中，成人與同儕所產生的鷹架作用。

基於上述的剖析，以下筆者將先指出，不同學者認為有助兒童語言發展的活動，最後提出個人的意見與理念，作為本書中所編寫活動的指南，也讓讀者們在使用本書時，能夠有更清楚而明確的依歸。

張正正（2001）指出，父母協助子女語言發展的技巧與方法如下：有結構的對話、雙向溝通、透過遊戲的方式、透過唱歌的方式、不要一

直打斷或批評孩子的說話與言行合一等。

　　周麗玲（2001）則分別指出有助三至五歲及五至七歲兒童語言能力發展的方法，詳如表 2。

表 2　有助兒童語言能力發展的方法比較表

有助三至五歲兒童 語言能力發展的方法	有助五至七歲兒童 語言能力發展的方法
❀ 多陪孩子一起閱讀，唸給他聽，多唸幾次以後，請孩子唸一段給您聽，即使唸錯了也不要太在意。 ❀ 和孩子一起朗誦或唱童謠。 ❀ 陪孩子玩看圖說故事遊戲。 ❀ 和孩子一起唸繞口令。 ❀ 和孩子玩模仿動物或其他角色扮演遊戲。 ❀ 對於孩子提出的問題，應認真回答並盡量給予詳細的解答。 ❀ 讓孩子多和其他小朋友一起玩遊戲。 ❀ 帶孩子到戶外，對遇到的人、事、物，都可作為對話題材。 ❀ 給孩子聽童話、童謠錄音帶，或陪孩子一起看適合的影片。 ❀ 給孩子不同的塗鴉用具，讓他隨自己的喜好去畫，並誘導他說出所畫的內容，幫助他串聯成一個故事。	❀ 帶孩子到書店，讓孩子挑選自己喜歡的書來看，或買回家閱讀。 ❀ 和孩子對話時，盡量使用較複雜的語句。 ❀ 每天抽一些時間，讓孩子告訴您他今天做了些什麼？發生了什麼有趣的事？ ❀ 當孩子畫圖時，問他畫些什麼？等他畫好幫他在畫紙適當處用文字寫下來，讓孩子做對照。 ❀ 陪孩子一起唸繞口令、三字經、唐詩等具律動感的文句。 ❀ 和孩子一起玩看圖說故事或故事接龍遊戲。 ❀ 同儕互動有助語言發展，所以應讓孩子和其他小朋友一起玩。 ❀ 帶孩子到戶外，讓他多看、多聽、多想、多說。 ❀ 陪孩子玩扮演遊戲。 ❀ 陪孩子一起學寫字。

羅葆善（1993）基於兒童的好奇、喜歡遊戲等特性，指出了提升兒童語言能力的方法，包含多聽與多說故事、多讀文字的書、多做語文遊戲與多做戲劇遊戲等。

而現場的研究中，劉明倩（2006）藉親子互動溝通訓練方案，以了解其對促進發展遲緩兒童語言發展的成效。其研究結果認為，親子互動溝通訓練方案可以提供家長親子互動策略，進而促進兒童語言發展。

綜合前述的研究與建議，在本書中，筆者的活動或遊戲設計，大體上植基於以下的想法：

1. 強調親子與同儕的互動：如前所述，兒童的認知與語言發展，成人的協助非常重要。而對於兒童而言，所謂的重要他人不外乎是父母與教師。因此在活動中，可說是奠基在親子與同儕的互動，希望能為兒童搭起語言發展的鷹架。

2. 符合兒童生活經驗：在 Vygotsky 的最近發展區理論中，教師在教學上應先明白兒童的先備經驗或起點行為，評估兒童的實際能力界線在何處，並以此為基準引導其下一步的發展。因此本書中的遊戲以符合兒童生活經驗為圭臬，不但引發其認同與興趣，更使得兒童能夠有效的從實際發展區提升到最近發展區。

3. 簡單、易玩、有趣：活動盡量不用道具，若需要道具也是以隨手可得為原則。此外，也不受場地的限制。特別是在筆者過去養育孩子的經驗中，發現這樣的活動，也非常適合全家在車上（特別是塞車的時候）一起進行或遊玩。

4. 與閱讀、表演、聆聽結合：強調全語言的統整是語文能力發展的有效方式，所以許多活動在設計上，或結合了繪本的閱讀，或是強調專心聆聽對方意見，或借助表演活動的穿針引線，以多元的方式來啟發兒童的語言能力。

5. 藉由圖畫和語言發展的統整：由於兒童在語言發展的前期，所認識的文字不多，因此透過學前兒童在繪畫上的興趣與能力，和語

言的發展做統整，也是本書中常見的活動。

6. 配合兒童語言發展的階段：本書在設計上，分成適合語言發展前期與後期兩個部分。前者著重在語義和語法的學習，後者則包含了從詞過渡到整句、句子與句子的關係以及有助兒童語言溝通的綜合語言發展活動。

7. 啓發兒童的創造思考習慣與能力：本書中的活動除了作為培養兒童的語言發展，也藉由能啓發兒童流暢、變通、獨創與精進等創造思考能力。

陸、結語

　　這本書基本上是筆者依據相關理論、在大專院校授課的課程內容以及累積多年的國小教師與為人父母的經驗總和，筆者希望透過這本書，能提供給教學現場的教師，還有為人父母者，在致力於兒童語言發展的過程中，貢獻綿薄之力。

參考文獻

中文部分

朱美如（2003）。國小一年級看圖說話提升口語表達能力之實踐。國立
　　新竹師範學院台灣語言與語文教育研究所碩士論文，未出版，新
　　竹市。

李　維（譯）（2000）。L. S. Vygotsky 著。思維與語言。台北市：遠
　　流。

周麗玲（2001）。促進兒童語言能力發展的方法。2008 年 1 月 1 日，取
　　自 http://www.enfamama.com.tw/stage4/interact/s4iq_01.htm

林燕宗（2004）。田中地區外籍配偶家庭親子共讀對學前幼兒語言發展
　　之影響。國立南華大學非營利事業管理研究所碩士論文，未出
　　版，嘉義市。

洪　蘭（譯）（1998）。S. Pinker 著。語言本能。台北市：商周。

洪　蘭（譯）（2002）。G. A. Miller 著。詞的學問。台北市：遠流。

張正正（2001）。家庭教育與兒童語言發展。師友，213，80-82。

張春興（1994）。教育心理學。台北市：東華。

張炳鑫（2001）。淺談兒童語言發展。高雄榮總醫訊，4（8）。2008 年
　　1 月 1 日，取自 http://www.vghks.gov.tw/periodical/asp/article.asp?
　　per_no=040810&Volume=4&issue=8

曾月紅（2005）。讀者角色的轉換——以記號學為教育理論的基礎。師
　　大學報：教育類，50（1），79-100

黃淑俐（譯）（2002）。R. M. Golinkoff & K. Hirsh-Pasek 著。小小孩，
　　學說話。台北市：信誼。

語言可以這樣玩
兒童語言發展遊戲與活動

靳洪剛（1994）。語言發展心理學。台北市：五南。

劉明倩（2006）。親子互動溝通訓練方案對促進發展遲緩兒童語言發展的成效。國立高雄師範大學聽力學與語言治療研究所碩士論文，未出版，高雄市。

盧　璐（2004）。正常兒童語言發展。2008 年 1 月 1 日，取自 http://www.geocities.com/workhealth/women/women23.htm

羅葆善（1993）。提昇兒童語言能力的方法。國教世紀，28（5），32-35。

英文部分

Vygotsky, L. S. (1978). *Mind in society.* Cambridge, MA: Harvard University Press.

實務篇

壹、語義與語音

1-1 我吃蛋糕，你吃桌子

一、目標與功能

1. 透過語詞辭義的搭配和組合運用的遊戲，讓兒童在互動的過程中明白語詞的意義與用法。
2. 在辭義的搭配和組合產生錯誤所導致的趣味過程中，激發兒童對語言學習的興趣。

二、遊戲規則

㈠暖身活動

家長或教師（甲方），說「老爺」或「小鬼」；兒童（乙方）說「是你」或「是我」。數「一、二、三」後，甲、乙同時說出自己的答案，成為「老爺」的人是贏家，成為「小鬼」的人是輸家。

㈡遊戲上場

1. 分配任務：家長或教師（甲方）說「我吃」或「你吃」，兒童（乙方）任意說出一種東西。
2. 同時說答案：數「一、二、三」後，甲、乙同時說出自己的答案。
3. 誰是贏家：誰吃到可以吃的東西，誰就是贏家，例如甲說「我

吃」，乙說「蛋糕」，那甲就是輸家；誰吃到不能吃的東西時，誰就是輸家，例如甲說「我吃」，乙說「桌子」，那甲就是輸家。

㈢交換角色繼續玩

甲、乙交換順序，再玩第二回合。

 給 **父母與教師的小叮嚀** ✳

1. 兒童在遊戲的過程中，可能因一直成為輸家而感到不悅，家長或教師可技術性的讓兒童成為贏家，避免造成挫折感。
2. 在教室中教師可以將學生分成兩組，可以採取「五戰三勝」或「七戰四勝」記分的方式，以促進兒童參與的興趣和動機。
3. 父母與教師可以在遊戲進行幾輪後，一起思考可以如何修改這個遊戲。例如將「我吃」、「你吃」改成「甜的」、「鹹的」。

1-2 在羊群中找出狼

一、目標與功能

1. 透過語詞的辭義特徵的區別，讓兒童明白語詞的意涵。
2. 讓兒童在互動的遊戲過程中，激發兒童對語義分辨學習的興趣與能力。

二、遊戲規則

㈠暖身活動

老師先講述披著羊皮的狼的故事，引起兒童找出羊群中的狼的想法，並形成這個活動的動機。

㈡遊戲上場

1. 準備詞組：教師或家長先準備好一組包含三個語詞的詞組與圖畫或影像，例如：漢堡、麵條、手機。
2. 找出羊皮狼：將詞組與圖畫揭示給兒童，讓兒童找出「羊群中披著羊皮的狼」；也就是找出辭義特徵不同的詞，例如在本例中就是手機（不是食物）。

㈢交換角色繼續玩

遊戲進行幾輪之後,可以讓兒童來出題目,家長或教師來猜題,更能提升兒童的語義分辨能力。

 給父母與教師的小叮嚀

1. 當父母與教師發現兒童能力逐漸增加後,詞組中的詞可以增加到五個,或是改用辭義特徵較為接近的詞組,逐漸提升兒童辭義特徵的能力。
2. 在教室中教師可以將學生分成兩組,可以採取「五戰三勝」或「七戰四勝」記分的方式,以促進兒童參與的興趣和動機。

1-3 　當頭棒喝

一、目標與功能

1. 透過語詞的辭義特徵的區別，讓兒童明白語詞的意涵。
2. 讓兒童在互動的遊戲過程中，激發兒童對語義分辨學習的興趣與能力。
3. 培養兒童創造思考能力中的流暢力。

二、遊戲規則

㈠暖身活動

老師或家長說出某一類的主題，例如：水果，再由兒童在一分鐘內，畫出符合這項主題的內容，例如：鳳梨。

㈡遊戲上場

1. 拿出道具：老師或家長手上拿著一根報紙捲成的長形棒子，先告訴小朋友玩一個當頭棒喝的遊戲。
2. 我不要當鬼：依據暖身活動的主題與語詞的關聯性，先指定一人當鬼，其餘兒童在棒子敲到頭之前，必須說出一個語詞，若說不出來的人，必須被用報紙棒敲頭，並且出來當鬼。直到找到下一個當鬼的人，才可以回座。

3. 換個主題：老師或家長視遊戲進行的情形，當兒童已經快說不出該主題的語詞，或是遊戲進行約三到四回合，即可換下一個主題。

㈢交換角色繼續玩

遊戲的主題可由小朋友來決定。

 給父母與教師的小叮嚀

1. 提醒兒童注意使用報紙棒的力道，不宜過於用力。
2. 也可以從閱讀的書籍或課本中，找出一些詞組，並且分配每位小朋友一個語詞，再仿照上述過程與規則進行遊戲。
3. 在教室中教師可以將學生分成兩組，配合正向（打到一個人加一分）或負向（被打到一個人扣一分）記分的方式，以提升參與遊戲的氣氛。

1-4 動物動物跳

一、目標與功能

1. 透過遊戲，使兒童認識同類辭義特徵的語詞，並明白其意涵。
2. 激發兒童對語義分辨學習的興趣與能力。
3. 培養兒童創造思考能力中的流暢力。

二、遊戲規則

㈠暖身活動

家長或教師和兒童一起玩「烏龜烏龜翹」遊戲（見下圖）。每人右手五指張開，把手放在桌上，大家輪流當莊家，當莊家說「烏龜烏龜翹」的同時，任意翹起一根手指，和莊家翹起同一手指的人即是輸家。

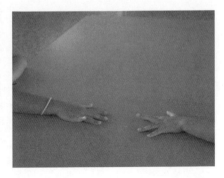

㈡遊戲上場

1. 家長與兒童共同決定一項主題，例如：動物；依據這項主題找出五個語詞，例如：老虎、大象、獅子、河馬、犀牛。

2. 將每一個語詞分配給每一根手指頭，例如：老虎 ⟶ 拇指；大象 ⟶ 食指……等。

3. 類似暖身活動，開始進行遊戲，但是要將口訣加以修改，例如主題是動物的話，就可以說「老虎、老虎……跳」，和莊家翹起同一手指的人即是輸家。

4. 家長視遊戲進行約三到四回合，即可換下一個主題。

㈢交換角色繼續玩

遊戲的主題可由小朋友來決定。

給父母與教師的小叮嚀

1. 遊戲中的主題以名詞為主，並且以較符合兒童生活經驗者較佳。

2. 這項遊戲比較適合父母與兒童一起玩，在教室內則可由教師示範後，鼓勵兒童於下課時和同學一起玩。

3. 這個遊戲除了兩個人一起玩，也適合三到五人一起玩。

1-5 彩色語詞自由配

一、目標與功能

1. 透過遊戲，使兒童認識辭義特徵的語詞，並明白其意涵。
2. 激發兒童運用視覺對生活中事物進行觀察的能力與興趣。
3. 培養兒童創造思考能力中的流暢力。

二、遊戲規則

㈠暖身活動

家長或教師說出一種顏色，例如：紅；請兒童說出其他相同顏色的事物，例如：蘋果。

㈡遊戲上場

1. 家長或教師說出兩種顏色，例如：紅、綠。
2. 兒童在限定的時間內（例如：十秒鐘），必須說出對應這兩種顏色的事物，例如：辣椒、雨衣、草原。
3. 家長視遊戲進行約三到四回合，即可換下一個顏色組合。

㈢交換角色繼續玩

由小朋友來決定顏色組合，家長或教師說出對應顏色的事物。

三、道具或材料

♣ 幾種有顏色的物品或掛圖。

 給 父母與教師的小叮嚀

1. 本遊戲在教室內進行時,教師可以將小朋友分成幾個小組,進行小組間的比賽。
2. 為了讓遊戲進行順利,可以將評分標準放寬為慣用語中含有該顏色也可以,例如:「紅茶」、「黃瓜」、「綠茶」等。
3. 這項遊戲也可以改成在決定顏色組合後,說出同時具有這些顏色的事物,例如:紅、黃、綠就是紅綠燈。
4. 待兒童熟悉此一遊戲後,可以將顏色組合內容增加到三種、四種或五種顏色。

1-6 五味語詞自由配

一、目標與功能

1. 透過遊戲，使兒童認識辭義特徵的語詞，並明白其意涵。
2. 激發兒童運用味覺對生活中事物進行觀察的能力與興趣。
3. 培養兒童創造思考能力中的流暢力。

二、遊戲規則

㈠暖身活動

家長或教師拿出一種食物，請兒童說出吃起來是什麼口味，一起想想看還有什麼其他相同口味的食物？

㈡遊戲上場

1. 家長或教師說出兩種口味，例如：鹹、甜。
2. 兒童在限定的時間內（例如：十秒鐘），必須說出對應這兩種口味的事物，例如：薯條、蛋糕。
3. 家長視遊戲進行約三到四回合，即可換下一個口味組合。

㈢交換角色繼續玩

由小朋友來決定口味組合，家長或教師說出對應口味的事物。

三、道具或材料

♣ 幾種不同口味的物品或掛圖。

 給 **父母與教師的小叮嚀** ※

1. 本遊戲在教室內進行時，教師可以將小朋友分成幾個小組，進行小組間的比賽。

2. 待兒童熟悉此一遊戲後，可以將口味組合內容增加到三種、四種或五種口味。

語言可以這樣玩
兒童語言發展遊戲與活動

1-7　神秘箱的秘密

一、目標與功能

1. 透過遊戲，使兒童認識辭義特徵的語詞，並明白其正確的意涵。
2. 激發兒童運用觸覺對生活中事物進行觀察的能力與興趣。
3. 培養兒童創造思考能力中的流暢力。

二、遊戲規則

㈠暖身活動

家長或教師說出一種觸覺，例如：滑滑的；請兒童說出其他相同觸覺的事物，例如：香皂。

㈡遊戲上場

1. 家長或教師在事先準備好的紙箱子中，放入幾種形狀與表面材質不同的東西，例如：鉛筆、石頭、菜瓜布、立方體積木、戒指……等。
2. 請兒童伸手進去摸（不能偷看），選定一樣東西後，說出三種摸到的感覺，例如：圓環形、表面光滑、冰冰的。
3. 家長或教師根據兒童的描述，猜測摸到的是什麼。例如：本題的謎底就是戒指。

4. 說出句子:「圓形的戒指,摸起來滑滑的、冰冰的。」

㈢交換角色繼續玩

　由家長或教師伸手進神秘箱中,小朋友來猜謎底。

三、道具或材料

✤一個約 50cm×30cm×30cm 的紙箱,頂面挖一個約 10cm×10cm 的小洞。

✤形狀與表面材質不同的東西,例如:鉛筆、石頭、茱瓜布、立方體積木……等。

 給 父母與教師的小叮嚀

1. 本遊戲在教室內進行時,教師可以將小朋友分成幾個小組,進行小組間的比賽。由小組中的一個小朋友來觸摸神秘箱中的東西並說出感覺,其他小朋友根據描述,猜測摸到的是什麼。

2. 為了減少兒童的恐懼感,不要在箱子中置放讓兒童感到害怕的事物。

1-8 我們一起逛賣場

一、目標與功能

1. 透過遊戲，使兒童認識語詞的意涵。
2. 讓兒童了解語詞的辭義特徵與分類。
3. 激發兒童對生活中事物的觀察興趣與能力。

二、遊戲規則

㈠暖身活動

老師或家長從賣場的 DM，找出一項物品當謎底，說出一個提示讓大家猜猜看是什麼，若猜不出來則再給第二個提示，最多三個提示。

㈡遊戲上場

1. 家長或教師請兒童用剪刀，把所蒐集的大賣場 DM 上的每個物品剪下來。
2. 將大家所剪下來的小紙片全部蒐集起來，再重新平均分配給兒童。
3. 家長或教師說出一項主題（例如：電器產品），請兒童就其所分配的物品，找出對應的物品。
4. 請兒童說出其找到的物品。

㈢交換角色繼續玩

　　由小朋友來決定主題，家長或教師，以及其他兒童找出對應的物品。

三、道具或材料

♣各大賣場的 DM。

♣剪刀。

 給父母與教師的小叮嚀

1. 選定主題時，鼓勵提出多樣性的分類，例如：「有輪子的」、「會飛的」
……等。

2. 兒童在分類的過程中，若有不尋常的情況，父母或教師應該請兒童說明其
想法，不要直接加以否定。

1-9 警察一大早在菜市場唱歌

一、目標與功能

1. 透過語義錯用所造成的趣味性，讓兒童明白錯誤的語義所造成的不當結果。
2. 讓兒童明白正確語法的重要性，並學習正確的語法使用。
3. 在語義的搭配和組合產生錯誤所導致的趣味過程中，激發兒童對語言學習的興趣。

二、遊戲規則

㈠暖身活動

教師或父母說出一種職業的人們，例如：司機；請兒童說出與這項職業對應的地點，例如：公車。

㈡遊戲上場

1. 準備與說明：教師或父母發給每位小朋友四張語詞卡，然後請小朋友把一個完整的句子，依照「人」、「事」、「時」、「地」等要素，分別寫在語詞卡上。例如：「警察（人）昨天晚上（時）在街上（地）抓到一個小偷（事）。」
2. 蒐集語詞：把小朋友的語詞卡通通蒐集好以後，依照不同要素分別

放置在不同小紙箱內。

3. 依序抽籤：接著請小朋友依照「人」、「時」、「地」、「事」的順序，依序從各個紙箱抽出一張語詞卡，然後把這句子唸出來，例如：「警察一大早在菜市場唱歌。」

4. 修正句子：教師或父母將上述錯誤的句義，加以修正。例如：「警察一大早就在公園巡邏」、「警察在下班時，在馬路上指揮交通」等。

㈢交換角色繼續玩

由教師或父母來抽語詞卡，兒童修正錯誤的語義。

三、道具或材料

♣將 A4 的紙張切割成八小張語詞卡，總共約需二十張語詞卡。

♣四個小紙箱。

 給 父母與教師的小叮嚀

1. 暖身活動中，相對應的地點不只一個，鼓勵兒童說出愈多個愈好。

2. 語義的修正中，可以先保留人，修改「事」、「時」、「地」等要素，進而以此類推，語義只要合理即可。

語言可以這樣玩
兒童語言發展遊戲與活動

1-10 接龍到終點

一、目標與功能

1. 培養兒童在語言的發展上，了解相同的語音會有不同的字。
2. 讓兒童學習語音和語義結合。
3. 發展兒童在創造思考能力中的獨創力與流暢力。

二、遊戲規則

㈠暖身活動

教師或家長說出一個音（例如：ㄐㄧ），並寫在小白板上。請兒童想出三到五個同音的字（例如：機、基、雞、積、績）。

㈡遊戲上場

1. 揭示題目：教師或家長公布接龍起點到終點，例如：
   手機 ⟶（　　）⟶（　　）⟶ 高手

2. 接龍規則：教師或家長解釋接龍的規則為：前一個語詞的最後一個字，是下一個語詞的第一個字，一直接回到起點語詞的第一個字；接龍的時候只要音相同即可。

3. 回到終點：兒童和家長輪流從起點接龍到終點，參考以下答案。
   手機 ⟶（雞蛋）⟶（蛋糕）⟶ 高手

㈢交換角色繼續玩

　　遊戲進行幾輪之後，讓兒童決定接龍的起點與終點。

三、道具或材料

♣小白板與白板筆。

 給父母與教師的小叮嚀

1. 教師或家長可以把兒童造出來的詞填進括號中。
2. 一開始兒童會覺得困難，所以不需要限制接龍過程的語詞數量。

貳、語法

2-1　我們跳舞在草地上一大早

一、目標與功能

1. 透過句法錯用所造成的趣味性以及可能造成的不當結果，讓兒童明白正確語法的重要性，並學習正確的語法使用。
2. 在趣味的學習過程中，激發兒童對語言學習的興趣。

二、遊戲規則

㈠暖身活動

　　教師或父母和兒童一起用 A4 紙畫一張螞蟻圖，包含觸鬚、頭、胸、腹等。依前述順序剪下來，和兒童玩拼圖遊戲，並討論正確順序的重要性。

㈡遊戲上場

1. 準備與說明：教師或父母發給每位小朋友四張語詞卡，然後請小朋友把一個完整的句子，依照「人」、「事」、「時」、「地」等要素，分別寫在語詞卡上。例如：「我們（人）昨天晚上（時）在家裡（地）一起吃晚餐（事）。」
2. 蒐集語詞：把小朋友的語詞卡通通蒐集好以後，依照不同要素分別

放置在不同小紙箱內。

3. 隨意抽籤：接著請小朋友隨意從「人」、「事」、「時」、「地」的紙箱中，分別抽出一張語詞卡，然後把這句子唸出來，例如：「我們跳舞在草地上一大早。」

4. 修正句子：教師或父母將上述錯誤的句法，加以修正。例如：「我們一大早在草地上跳舞。」

⒉交換角色繼續玩

由教師或父母來抽語詞卡，兒童修正錯誤的語法。

三、道具或材料

♣ 將 A4 的紙張切割成八小張語詞卡，總共約需二十至二十八張語詞卡。

♣ 四個小紙箱。

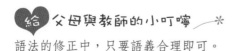

給 父母與教師的小叮嚀

語法的修正中，只要語義合理即可。

2-2 豬尾巴

一、目標與功能

1. 培養兒童學習問句的使用語法。
2. 透過語詞的辭義誤用所造成的不當後果，讓兒童明白語詞正確的意涵與用法。
3. 讓兒童在互動的遊戲過程中，激發兒童對語義分辨學習的興趣與能力。

二、遊戲規則

㈠暖身活動

豬尾巴遊戲：家長或老師用「豬尾巴」為固定的答案，請小朋友問問題，形成有趣的問答。例如小朋友問：「你叫什麼名字？」家長或老師老師要回答：「豬尾巴。」

㈡遊戲上場

1. 選定答案：教師或家長先說出一個符合兒童主要生活經驗的答案，例如：珍珠奶茶。
2. 別無選擇：仿照前述「豬尾巴」遊戲，請兒童問問題：「你會用什麼洗澡？」家長或老師一定要回答：「珍珠奶茶。」

3. 繼續發問：讓兒童問五個問題左右，有些會形成具趣味性的問答，有的會是符合正確語法和語義的問答。

4. 正確問與答：家長或老師協助兒童一起找出一組比較正確的問與答，例如：

問句：姊姊最喜歡喝的飲料是什麼？

回答：姊姊最喜歡喝珍珠奶茶。

5. 新答案繼續玩：換下一個新答案，繼續新一輪的遊戲。

㈢交換角色繼續玩

遊戲進行幾輪之後，可以讓兒童來出題目，家長或教師來問問題，增進兒童的參與。

 給 父母與教師的小叮嚀 ✳

1. 問題的答案從兒童較熟悉的名詞開始，當父母或教師發現兒童能力逐漸增加，再轉到動詞與形容詞。

2. 在本遊戲中，兒童會傾向於說出造成比較具趣味性的問題，但是要避免人身攻擊。

2-3 發生什麼事了？

一、目標與功能

1. 引導學前兒童在摹聲詞上的理解，以及其在句子中的使用方式。
2. 培養兒童的創造思考與想像能力。

二、遊戲規則

㈠暖身活動

家長或教師說出一種動物，讓兒童模仿其叫聲。

㈡遊戲上場

1. 模仿聲音：家長或教師模仿一種聲音，例如：「嘩啦、嘩啦」。
2. 猜一猜：兒童猜猜看可能發生什麼事情？例如：下大雨。
3. 原來是這樣：再根據推測來說出一個句子，例如：「『嘩啦、嘩啦』下雨了，我們快點回家吧。」

㈢交換角色繼續玩

由兒童模仿聲音，家長或教師造句。

三、道具或材料

♣有特殊音效的 CD 或玩具。

 給父母與教師的小叮嚀 ✳

1. 家長或教師在模仿聲音時,可以先從小朋友比較熟悉的聲音,再進入到比較不熟悉的聲音。
2. 暖身活動中,也可以播放特別重視音效的故事給兒童聽。

2-4　我們去逛菜市場

一、目標與功能

1. 透過角色扮演遊戲，使兒童明白語言的溝通功能。
2. 發展兒童問答的語法使用能力。
3. 激發兒童對生活中事物的觀察能力與興趣。

二、遊戲規則

㈠暖身活動

請小朋友比較菜市場與大賣場的不同？例如販賣的東西、工作人員……等。

㈡遊戲上場

1. 蒐集商品：家長或教師請兒童用剪刀，把所蒐集的大賣場 DM 上的生鮮部門商品剪下來，例如：青菜、肉類、魚類、水果……等。
2. 準備商品：將大家所剪下來的小紙片全部蒐集起來，再重新平均分配給兒童，當作他所販售的商品。
3. 角色扮演：家長或教師扮演顧客，兒童扮演老闆。
4. 買賣開始：顧客挑選老闆販售的商品，請問老闆，例如：「老闆，請問這個白蘿蔔多少錢？」老闆回答：「這個白蘿蔔二十元。」

5. 完成交易：由父母或教師引導對話與交易的完成，包含：打招呼、
選購三到五樣物品、算錢與付錢、說再見……等。

㈢交換角色繼續玩

由小朋友扮演顧客，家長或教師扮演老闆。

三、道具或材料

♣各大賣場的 DM。

♣剪刀。

 父母與教師的小叮嚀 ※

1. 在角色扮演與對話的過程中，父母或教師除了示範正確的語法之外，也應
該示範有禮貌的應對方式。
2. 父母或教師也可以將基本的數學加法與減法，融入這項遊戲。

2-5 表情猜一猜

一、目標與功能

1. 透過學前兒童在繪畫上的興趣與能力，和語言的發展做統整。
2. 讓兒童明白語言可以作爲表達自己心情的工具。
3. 讓兒童藉由觀察他人的表情，了解他的心情。

二、遊戲規則

㈠暖身活動

家長或教師和小朋友玩扮鬼臉遊戲，並藉由觀察鏡子中自己的五官，以了解表情和五官的連結。

㈡遊戲上場

1. 畫出臉譜：兒童在白板或是圖畫紙上畫出臉譜的表情，表現的方式在於將五官畫出來。例如右圖。
2. 原來如此：家長或教師依據兒童所畫出的臉譜，應用完整的語法（包含人、事、時、地與心情），說出可能是發生什麼事了，例如：「昨天晚上（時）小英（人）到公園（地）去玩（事）得很高興（心情）。」

⊜交換角色繼續玩

由家長或教師畫臉譜，兒童來說句子。

三、道具或材料

♣紙和蠟筆或是小白板與白板筆。

給 父母與教師的小叮嚀 ✳

1. 表情的繪畫重點在於眉毛、眼睛與嘴巴（包含牙齒和舌頭）。
2. 除了以繪畫的方式表現人物的表情，親子之間也可以用表演的方式，更能促進彼此的情緒了解。
3. 兒童如果在遊戲的過程中，持續畫出憤怒或是哀傷的表情，家長或教師可能要特別關心與了解。

2-6 我的單位詞繪本

一、目標與功能

1. 讓兒童了解各種不同的單位詞。
2. 兒童可學習正確的名詞與單位詞的連結與運用。
3. 透過學前兒童在繪畫上的興趣與能力，和語言的發展做統整。
4. 藉由製作屬於自己的繪本，提升兒童學習的動機與興趣。

二、遊戲規則

㈠暖身活動

家長或教師說出單位詞，例如：一輛；小朋友說出對應的名詞，例如：一輛汽車。接著由小朋友說出單位詞，例如：一瓶；家長或教師說出對應的名詞，例如：一瓶汽水。

㈡遊戲上場

1. 寫出單位詞：家長或教師在圖畫紙（八開）中間，寫出一個單位詞（含注音），例如：一隻；並正確唸出來。
2. 畫出物品：請兒童在同一張圖畫紙的四個角落，畫出這個單位詞的事物四個（如下頁右圖），請兒童唸出來，例如：一隻小狗、一隻小貓……。

3. 再做幾次：重複前述的順序四到
   六次。
4. 繪本變身：將上述的圖畫紙作品
   加以裝訂，再加上適當的封面，
   就成了「我的單位詞繪本」。

三、道具或材料

♣ 紙和蠟筆或是小白板與白板筆。
♣ 圖畫紙（八開）數張。

給 父母與教師的小叮嚀

1. 家長或教師於平日和兒童互動時，就應該盡量使用正確的單位詞，提供兒
   童正確的示範。
2. 如果是在教室中，老師請小朋友交換彼此的繪本，讓兒童可以互相觀摩與
   學習。

2-7　打電話遊戲～祖孫對話篇

一、目標與功能

1. 透過角色扮演遊戲，使兒童明白語言的溝通功能。
2. 發展兒童問答的語法使用能力。
3. 激發兒童對生活中事物的觀察興趣與能力。
4. 教導兒童學習正確而有禮貌的講電話禮節。

二、遊戲規則

㈠暖身活動

家長說出某一位親朋好友或是特殊單位的名稱，例如：查號台；兒童說出電話號碼，例如：104。

㈡遊戲上場

1. 電話響起：家長或教師扮演爺爺或奶奶打電話，並模仿或使用手機發出電話鈴聲，請兒童接電話。
2. 問候對方：家長或教師扮演的爺爺或奶奶先說出自己的稱謂，並指名要兒童聽電話，例如：「你好，我是××的爺爺，我要找××？」
3. 講話內容：詢問兒童問題，例如：「最近在學校有什麼有趣的

事？」、「最近去哪裡玩？」、「最近最常做什麼？」……等，請兒童回答。

4. 結束對話：說出道別的話語，例如：「跟你聊天很開心，有空來找爺爺玩。」

㈢交換角色繼續玩

由小朋友扮演爺爺、奶奶，家長或教師扮演兒童。

三、道具或材料

❖ 用紙杯與棉線做成模擬話筒（如下圖左，使用方式如下圖右），或是玩具電話兩支。

💗 給 父母與教師的小叮嚀 ⚹

1. 家長或教師應提供正確且有禮貌的講電話方式與禮節，以及示範完整的答話內容作為兒童學習的範本。
2. 家長或教師在扮演過程中，不須刻意糾正兒童的錯誤，而是藉由多次的角色扮演，讓兒童練習正確的語法與電話禮節。

2-8　打電話遊戲～留言篇

一、目標與功能

1. 透過角色扮演遊戲，使兒童明白語言的溝通功能。
2. 發展兒童問答的語法使用能力。
3. 教導兒童學習正確而有禮貌的講電話禮節。
4. 讓兒童練習對談話內容的理解與重點掌握。

二、遊戲規則

㈠暖身活動

　　家長或教師說出一串數字（2397865）或英文字（AMKBZYLX），再請小朋友覆誦，視兒童的情況，逐漸增加數字或英文字的長度。

㈡遊戲上場

1. 對話情境：兒童的父母親不在家，但父母親的朋友打電話來交代事情，請兒童協助轉告。
2. 電話響起：家長或教師扮演父母親的朋友打電話，並模仿或使用手機發出電話鈴聲，請兒童接電話。
3. 問候對方：家長或教師先說出自己的稱謂，並指名要兒童聽電話。例如：「你好，我是你爸爸的朋友，我要找你爸爸？」

4. 對話內容：請兒童協助轉達事情給父母親（盡量包含時、人、地、事、物），例如：「明天早上九點的時候（時），請爸爸（人）帶著開會資料（物）到辦公室（地）（事）。」

5. 結束對話：說出道別的話語，例如：「謝謝你的幫忙。」

6. 轉達事情：小朋友將所聽到的內容，轉達給扮演爸爸的家長或教師聽。

㈢交換角色繼續玩

由小朋友扮演父母親的朋友，教師或家長扮演兒童。

三、道具或材料

❖ 用紙杯與棉線做成模擬話筒，或是玩具電話兩支。

 給 父母與教師的小叮嚀

1. 家長或教師可以逐漸增加請兒童轉達事情的複雜度，事件的數量也可逐漸增加。

2. 家長或教師應提供正確且有禮貌的講電話方式與禮節，作為兒童學習的楷模。

3. 在扮演過程中，提醒兒童記得說出時間、人物、地點、事情或物品等，並且藉由交互的角色扮演，讓兒童練習談話內容的理解與重點掌握。

參、語詞到句子

3-1　套餐自由配，獎金步步高

一、目標與功能

1. 透過數學和語言統整活動，提升兒童的學習興趣。
2. 讓兒童在互動的遊戲過程中，練習從詞延伸為完整句子的能力。
3. 培養兒童創造思考能力中的獨創力。

二、遊戲規則

㈠暖身活動

　　家長或老師告訴小朋友，現在要讓大家到餐廳點餐，但是這次要點的餐很特別，那就是語詞套餐。

㈡遊戲上場

1. 任務提示：家長和兒童於閱讀完一本書，或教師於授課後，家長或老師共同選定課文中的語詞。
2. 製作菜單：依照語詞的難易程度，製作成如餐廳的點菜單，將這些語詞分成三種價格，分別為五十元、三十元、二十元（參考下列菜單）。

老王餐廳語詞菜單

	五十元	三十元	二十元
語詞	櫻桃 地毯 廣場 照顧 清真寺	李子 烤羊肉 鈴鐺 打仗 春天	打招呼 巴士 午餐 嚇一跳 綿羊

說明：內容與材料取自《世界上最美麗的村子》（小魯文化）

3. 每位小朋友有一百元的本錢，找一位小朋友出來為大家選取兩個語詞。

4. 依據菜單，寫出或說出一個能同時包含兩個語詞的一個完整句子，若能完成者就可以得到兩倍的獎金；無法完成者就得依照所點選的金額付費。

5. 評分或選出勝利者：進行若干回合後，家長或老師根據兒童的點菜單，計算其獲得的獎金。

㈢交換角色繼續玩

遊戲的主題可由小朋友來決定。

 給 父母與教師的小叮嚀

1. 若是在家中玩，就由兒童自行點餐，並訂出獎金的標準，說出或寫出句子，然後再由家長給予獎勵。

2. 視兒童能力，教師或父母決定以口述或書寫的方式完成句子。

3-2 開著車子去遊玩

一、目標與功能

1. 培養兒童在表演和語言的統整能力。
2. 培養兒童在語言的發展上，從語詞進步到句子的使用。
3. 讓兒童學習從詞義到語句意義的了解，進而進行詮釋。
4. 培養兒童的想像力與創意。

二、遊戲規則

㈠暖身活動

家長或教師與兒童（班上各小組）輪流說出各種車子。例如：轎車、貨車、馬車、雲霄飛車、太空車……。

㈡遊戲上場

1. 選擇車輛：接著由兒童從暖身運動中，選擇一種所說過的車子。
2. 出發了：家長或教師依據兒童所選擇的車輛，說出一個完整的句子（包含人、事、時、地、車）。例如：「今天一大早（時），我和弟弟（人）騎著腳踏車（車）去買早餐，路邊（地）忽然跑出一隻野狗，害得我們兩個摔倒在地上（事）。」
2. 你說我演：兒童配合家長所說的句子，進行表演。

㈢交換角色繼續玩

家長或教師與兒童交換角色，若是在教室則各組輪流交換角色。

 給父母與教師的小叮嚀

1. 表演的重點除了人物的表情與動作，場景、時間、人物等，也要盡量去揣摩與表演。
2. 為了讓兒童了解與熟悉這項遊戲，可以先由教師或父母先行示範，再讓小朋友玩。
3. 教師或家長可視兒童的學習情形或能力，選擇三種車子，將三個句子繼續延伸成為一個小短文。
4. 若是在教室中進行，教師可以請班上小朋友票選出「最佳表演獎」、「最佳趣味獎」、「最有人緣獎」等。

3-3　你來說，我來演

一、目標與功能

1. 培養兒童表演和語言的統整能力。
2. 培養兒童在語言的發展上，從語詞進步到句子的使用。
3. 讓兒童學習從詞義到語句意義的了解，進而進行詮釋。

二、遊戲規則

㈠暖身活動

家長或教師表演一種活動（不能講話），讓兒童猜答案。進行幾次之後，由兒童表演，家長來猜。

㈡遊戲上場

1. 家長或教師先說出一件事情，例如：「打電腦」；兒童聽到後要表演出來。
2. 接著由兒童根據前面的事情，說出一個完整的句子（包含人、事、時、地），例如：「昨天下午（時）我（人）正好在房間（地）打電腦，媽媽忽然叫我去買醬油（事）……」。
3. 家長或教師根據兒童所說的內容，進行表演。

㈢交換角色繼續玩

家長或教師與兒童交換角色，若是在教室則各組輪流交換角色。

 給 父母與教師的小叮嚀 ✳

1. 表演的重點在於表情與動作。
2. 為了讓兒童了解與熟悉這項遊戲，可以先由教師或父母先行示範，再讓小朋友玩。
3. 若是在教室中進行，教師可以請班上小朋友票選出「最佳表演獎」、「最佳趣味獎」、「最有人緣獎」等。

3-4 彩虹上的文句

一、目標與功能

1. 充實兒童在形容詞上豐富的語彙。
3. 讓兒童學習從詞義到語句意義的了解，進而進行詮釋。
4. 培養兒童在生活中的觀察習慣與能力。

二、遊戲規則

㈠暖身活動

家長或教師與兒童用事先做好的「彩虹骰子」（製作方法見「道具或材料」），玩猜顏色的遊戲——先猜顏色，再擲骰子，看看誰猜對的次數多。

㈡遊戲上場

1. 擲顏色骰子：家長或教師請兒童擲骰子兩次，例如「綠色」與「紅色」。
2. 依顏色說句子：接著教師或家長用這兩種顏色，描寫出一個景象或情境。例如：「『綠油油』的草地上，有許多『鮮紅』的玫瑰花。」

㈢交換角色繼續玩

家長或教師與兒童交換角色，若是在教室則各組輪流交換角色，再玩第二回合。

三、道具或材料

♣家長或教師與兒童，一起將骰子（愈大愈好）的六面，改成綠、黃、黑、藍、白、紅六種顏色的「彩虹骰子」。

♥給 **父母與教師的小叮嚀** ─✳

1. 為了讓兒童熟悉顏色形容詞的運用能力以及增加兒童語彙的豐富性，家長或教師在指稱顏色時，最好用「雪白」、「紅通通」、「黑漆漆」等用語。
2. 應該由教師或父母先行示範造句，再換小朋友，以促進兒童了解這項遊戲，與引導其造句能力的增進。
3. 教師或家長可視兒童的學習情形或能力，將造句時所需要的顏色增加為三到四種顏色。

3-5　小鳥在樹上吱吱叫

一、目標與功能

1. 透過角色扮演遊戲，使兒童明白語言的溝通功能。
2. 發展兒童問答的語法使用能力。
3. 激發兒童對生活中事物的觀察興趣與能力。

二、遊戲規則

㈠暖身活動

家長或教師模仿某種動物的叫聲，由兒童來猜謎底；也可以由兒童來出題。

㈡遊戲上場

1. 家長或教師請兒童說出一種動物。例如：小鳥。
2. 家長或教師將事先準備好的卡片（製作方法見「道具或材料」）拿出來，由兒童抽取其中的一張。例如：嘴巴。
3. 卡片上的圖案所代表的意義如下：
   眼睛：動物的外貌特徵；
   手：專長；
   腳：活動習性；

嘴巴：叫聲、覓食習慣。

4. 家長或教師根據兒童說出的動物與抽到的卡片，說出介紹這種動物的一句話。例如：「小鳥一大早就在樹上吱吱叫。」

㈢交換角色繼續玩

家長或教師說出動物與抽卡片，小朋友說出句子，再玩第二回合。

三、道具或材料

♣長寬約 20cm×30cm 卡片四張，卡片上的圖案依次為眼睛、手、腳、嘴巴。

 給 父母與教師的小叮嚀 ✳

1. 應該由教師或父母先行示範造句，再換小朋友，以促進兒童了解這項遊戲，與引導其造句能力的增進。
2. 教師或家長可視兒童的學習情形或能力，加抽一張卡片，讓兒童學習從不同的面向來描述動物。

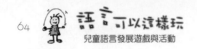

4-1　表情七十二變

一、目標與功能

1. 培養兒童繪畫和語言的統整技能。
2. 培養兒童在語言的發展上，從單句的使用到複句的使用。
3. 讓兒童學習運用句子之間的因果關係或是並列關係。
4. 養成兒童進行觀察的態度與能力。

二、遊戲規則

㈠暖身活動

家長或教師說出「高興」、「難過」、「悲傷」、「憤怒」等情緒，小朋友根據狀況做出表情；也可以由兒童說情緒，家長或教師做出表情。

㈡遊戲上場

1. 畫出臉譜：家長或教師與兒童分別在白板或是圖畫紙上，畫出臉譜的表情，表現的方式在於將五官畫出來。例如下圖。

2. 表情故事一：兒童依據家長或教師所畫出的臉譜，應用完整的語法（包含人、事、時、地與心情），說出可能是發生什麼事了，例如：「昨天晚上（時）小英（人）到公園（地）去，玩得很高興（心情）。」

3. 表情故事二：家長或教師接著依據兒童所畫出的臉譜與前面的句子，繼續接下去說出句子，例如：「但是想到還有很多功課沒做，就難過起來。」

㈢交換角色繼續玩

家長或教師與兒童交換遊戲順序。

三、道具或材料

❖紙和蠟筆或是小白板與白板筆。

❤ 給父母與教師的小叮嚀 ⁕

1. 表情的繪畫重點在於眉毛、眼睛與嘴巴（包含牙齒和舌頭）。
2. 為了循序漸進，可以從兩種表情增加到三種或四種表情。
3. 為了增加趣味性與挑戰性，在表情圖繪製完畢後，可以由輪到接龍的人自選其中一種表情，或是由他人指定某一種表情。

語言可以這樣玩
兒童語言發展遊戲與活動

4-2　動作七十二變

一、目標與功能

1. 培養兒童繪畫和語言的統整技能。
2. 培養兒童在語言的發展上，從單句的使用到複句的使用。
3. 讓兒童學習運用句子之間的因果關係或是並列關係。
4. 養成兒童進行觀察的態度與能力。

二、遊戲規則

㈠暖身活動

家長或教師和兒童一起玩「一二三、木頭人」遊戲。

㈡遊戲上場

1. 畫出臉譜：家長或教師與兒童分別想一個動作，然後同時說「一、二、三、木頭人」。例如下頁圖。
2. 動作故事一：兒童依據家長或教師的動作，應用完整的語法（包含人、事、時、地與心情），說出可能是發生什麼事了，例如：「爸爸（人）最喜歡（心情）在吃完晚餐後（時），坐在沙發上（地）看報紙（事）。」
3. 動作故事二：家長或教師接著依據兒童所做的動作與前面的句子，繼

（喝咖啡）

（看報紙）

　　續接下去說出句子，例如：「而媽媽（人）喜歡（心情）在吃完晚餐後（時），在書房（地）喝咖啡（事）。」

(三)交換角色繼續玩

　　家長或教師與兒童交換遊戲順序。

三、道具或材料

♣ 紙和蠟筆或是小白板與白板筆。

♥ 給父母與教師的小叮嚀 ✳
1. 動作的重點在於手、腳、頭與身體（例如前彎、後仰等）。
2. 為了循序漸進，可以從兩種動作到三種或四種動作。
3. 可以在事前先用數位相機拍下一些動作，再播放出來。

4-3 聲音進行曲

一、目標與功能

1. 引導學前兒童在摹聲詞上的理解，以及其在句子中的使用方式。
2. 培養兒童學習使用複雜的句型。
3. 藉由連結原本無關聯的摹聲詞，培養兒童的聯想能力。

二、遊戲規則

㈠暖身活動

家長或教師請小朋友把眼睛閉上，或是轉身向後，請一位小朋友用某種物品發出聲音（例如：甩一甩墊板或將硬幣擲在地上），然後請小朋友們猜猜看這是什麼東西，如此大約進行三到五回合。也可以運用事先準備的聲音或音效，讓小朋友猜猜看是什麼事物或事情？

㈡遊戲上場

1. 模仿聲音：家長或教師揭示某個摹聲詞，引導他們說出某種聲音所代表的情境，再進一步推論發生什麼事情。例如：教師揭示「轟隆、轟隆」，小朋友說出：「雷聲」，進而用這個聲音和情境造句——「天空烏雲密布，『轟隆、轟隆』忽然雷電交加，下起了一陣大雨。」

2. 兩個摹聲詞：接著請兒童模擬出兩個摹聲詞。例如：「汪、汪、汪」、「嗚伊、嗚伊」。

3. 說出複句：由家長或教師運用兩個摹聲詞，說出一個有前後關聯的複句，爲兒童進行示範。例如：「半夜的時候，小黑發現小偷，就『汪汪汪』叫了起來。過沒多久，『嗚伊、嗚伊』來了一輛警車，把小偷抓到警察局。」

4. 注意規則：兩個摹聲詞只能用一次，但是沒有特定的順序。

㈢交換角色繼續玩

由家長或教師模仿兩個摹聲詞，兒童造句。

三、道具或材料

❧請兒童找出一些會發出聲音的物品或玩具。
❧教師事先錄製一些聲音或某些音效的 CD。

給父母與教師的小叮嚀 ※

1. 若找不到適當的摹聲詞，也可以用注音代替。
2. 家長或教師在模仿聲音時，可以先從小朋友比較熟悉的聲音，再進入到比較不熟悉的聲音。
3. 如果兒童一開始覺得較難，可以先從兩個摹聲詞的組合開始，再循序進入到三個、四個摹聲詞。

4-4 報紙變變變

一、目標與功能

1. 透過圖形的改變與語言的結合，發展兒童在藝術與語言能力的統整。
2. 培養兒童在語言的發展上，從單句到複句到小短文的使用。
3. 發展兒童創造思考能力中的獨創力與變通力。

二、遊戲規則

㈠暖身活動

　　教師或家長用一張報紙，用剪刀剪出各種形狀，請兒童聯想，這可能是什麼事物。

㈡遊戲上場

1. 報紙變身一：教師或家長用一張報紙，用剪刀接續剪出形狀，並依據這個形狀，說出一段話。例如將報紙剪成圓形，老師或家長配合說出：「今天，天上高掛了一個大太陽，天氣很好。」
2. 報紙變身二：接著請小朋友，接續將圓形報紙再剪成其他形狀，並說出一段話。例如將圓形剪成飛機外型，配合說出：「今天，天上高掛了一個大太陽，天氣很好。我們搭上飛機……」
3. 報紙變身三：接著教師或家長，接續將飛機外型再剪成其他形狀，再

說出一段話，並且做結尾。例如將飛機外型再剪成三角形，配合說出：
「今天，天上高掛了一個大太陽，天氣很好。我們搭上飛機，來到非
洲看金字塔。」

㈢交換角色繼續玩

遊戲進行幾輪之後，讓兒童首先開始，家長或教師做接龍。

三、道具或材料

♣報紙。

♣剪刀。

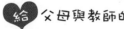
給 父母與教師的小叮嚀

1. 如果兒童已經具備書寫能力，可以把造出來的句子寫下來。
2. 教師或家長覺得兒童已經愈來愈熟悉這項遊戲時，接龍可以增加到四次或
   五次，最後一個人最好能做結尾。

4-5　邊畫邊說

一、目標與功能

1. 透過繪畫作爲媒介，有助於兒童語言的發展。
2. 培養兒童在語言的發展上，從單句的使用到複句的使用。
3. 讓兒童學習運用句子之間的因果關係或是並列關係。

二、遊戲規則

㈠暖身活動

　　教師或家長在小白板或圖畫紙上畫出一個幾何圖形（例如：圓形），讓兒童去做聯想（例如：月餅、氣球……）。

㈡遊戲上場

1. 基本圖案：教師或家長先畫出一個線條簡單的基本圖案，例如：一座山。接著說出自己的想法，例如：「今天我們全家去爬山。」
2. 圖案接龍：兒童繼續在這個基本圖案，加上另外的圖案或線條，例如：兩隻鳥。然後根據之前的內容做接龍，例如：「今天我們全家去爬山，天空有幾隻小鳥飛過去。」
3. 完成圖案：接著教師或家長接續添加另外的圖案或線條，例如：一棵樹。然後繼續做接龍，並做結尾。例如：「今天我們全家去爬

山，天空有幾隻小鳥飛過去，山頂上有一棵大樹，我們就在樹下乘涼、聊天。」

㈢交換角色繼續玩

遊戲進行幾輪之後，讓兒童首先開始，家長或教師做接龍。

三、道具或材料

♣圖畫紙和筆或白板和白板筆。

給 父母與教師的小叮嚀

1. 如果兒童已經具備書寫能力，可以把說出來的句子寫下來。
2. 教師或家長覺得兒童已經愈來愈熟悉這項遊戲時，畫圖與接龍可以增加到四次或五次。

4-6　語詞連、加、變 (一)

一、目標與功能

1. 充實兒童豐富的語彙。
2. 讓兒童學習將不同的單句，透過適當邏輯組合成複句的能力。
3. 培養兒童創造思考能力中的流暢力與獨創力。

二、遊戲規則

㈠暖身活動

家長或教師與兒童一起玩語詞接龍，輸的人要接受適當處罰，例如：原地跳三下。

㈡遊戲上場

1. 語詞連與加：家長或教師隨意說出一個語詞，例如：「麵包」；兒童做語詞接龍，例如：「包心菜」。
2. 語詞加與變：家長或教師再用這兩個語詞——「麵包」、「包心菜」（要按照順序）造出一個句子，例如：「昨天我吃到一種很特別的『麵包』，麵包裡面竟然有『包心菜』。」

㈢交換角色繼續玩

　　家長或教師與兒童交換角色，若是在教室則各組輪流交換角色，再玩第二回合。

三、道具或材料

❖小白板和白板筆，將說出的接龍語詞寫在小白板上。

 給父母與教師的小叮嚀

1. 接龍時，為了讓活動更順暢，只要音相同即可以。例如：「大頭」──「投球」。
2. 造出來的句子要有意義，而且盡量簡短。
3. 應該由教師或父母先行示範，再讓小朋友玩，以促進兒童了解這項遊戲，並且引導其能力的增長。
4. 教師或家長可視兒童的學習情形或能力，將造句的語詞增加為三到四個。

4-7 語詞連、加、變 (二)

一、目標與功能

1. 充實兒童豐富的語彙。
2. 培養兒童學習將不同的單句,透過適當邏輯組合成複句的能力。
3. 培養兒童創造思考能力中的流暢力與獨創力。

二、遊戲規則

㈠暖身活動

家長或教師與兒童輪流說出字尾相同的語詞,例如:廢票、車票。說不出來的人要接受適當處罰,例如:學小狗叫三聲。

㈡遊戲上場

1. 語詞連與加:家長或教師隨意說出一個語詞,例如:「野花」;兒童接著說出字尾相同的語詞,例如:「豆花」。
2. 語詞加與變:家長或教師再用這兩個語詞——「野花」、「豆花」(要按照順序)造出一個句子,例如:「星期天我們一起去郊外散步,路邊有很多『野花』。沒多久大家走累了,就坐下來吃『豆花』。」

㈢交換角色繼續玩

家長或教師與兒童交換角色，若是在教室則各組輪流交換角色，再玩第二回合。

三、道具或材料

♣小白板和白板筆，將說出的接龍語詞寫在小白板上。

 給 父母與教師的小叮嚀 ☀

1. 為了讓說出來的句子更具有變化，前後兩個語詞的性質最好不要太類似。
2. 造出來的句子要有意義，而且盡量簡短。
3. 應該由教師或父母先行示範，再讓小朋友玩，以促進兒童了解這項遊戲，並且引導其能力的增長。
4. 教師或家長可視兒童的學習情形或能力，將造句的語詞增加為三到四個。

伍、創造力

5-1　邀請阿媽去聚餐

一、目標與功能

1. 從親子（父母與子女、祖孫之間）的對話中，提升兒童語言的運用能力。
2. 促進親子（祖孫之間）間的互動與情感。

二、遊戲規則

㈠暖身活動

　　家長或教師問兒童以下幾個問題，例如：「爺爺（奶奶）最喜歡的是什麼？」、「爺爺（奶奶）最討厭的是什麼？」。

㈡遊戲上場

1. 發布狀況：全家要一起到餐廳慶祝媽媽升官，但是外婆認為到餐廳吃飯花太多錢，因此反對這項活動。你一向是外婆最疼愛的孫子，現在要請你去說服她參加這項活動。
2. 事前練習：由家長或教師扮演外婆，兒童練習說服，參考以下的問答。
3. 參考問答：

✻外婆說：「到外面吃飯要花那麼多錢！」兒童可以回答：「媽媽這麼久才升官一次。」

✻外婆說：「我來煮給大家吃就好！」兒童回答：「你煮的當然好吃，但是這樣你太忙了！」

4. 實際演練：找一個人（和事前演練不同人）來飾演外婆，讓兒童來進行實際練習。

㈢交換角色繼續玩

被說服的對象可以換成其他的家人。

給 父母與教師的小叮嚀 ✻

1. 暖身活動中，也可以邀請爺爺和奶奶事先把答案寫下來，再和兒童所回答的答案做比較。

2. 本活動可以視生活中實際發生的其他事件，進行演練與實際的運用。

5-2　擲骰子說句子

一、目標與功能

1. 引導兒童學習如何充實語句內容的豐富性。
2. 培養與啟發兒童進行語文創造思考的能力與習慣。
3. 讓兒童了解可以透過五官對事物進行觀察。

二、遊戲規則

㈠暖身活動

　　玩五官拳（見下圖）：任選五官之一作為口訣，甲先說口訣，例如：
鼻子、鼻子、鼻子，然後甲、乙兩人同時握拳重疊於某一五官（眼
睛、鼻子、嘴巴、耳朵、下巴），若乙擺放雙拳的位置同甲，乙就算
輸了。如果兩人不同，就改由乙說口訣。

㈡遊戲上場

1. 感官骰子：

   眼睛──描寫看到景物的外型與色彩；耳朵──描寫聽見的聲音；

   鼻子──描寫聞到的味道；嘴巴──描寫嚐到的事物；

   手──描寫皮膚接觸到的感覺；腳──再丟一次。

2. 發布情境：家長或教師揭示主題，例如：「逛夜市」。

3. 擲骰子說句子㈠：請兒童擲感官骰子，骰子哪一面朝上，就必須以此種感官去描寫景物，例如：鼻子。兒童依照所擲的結果說出此一情境。例如：「昨晚我們去逛夜市，夜市有臭豆腐味、烤肉味。」

4. 擲骰子說句子㈡：家長或教師擲感官骰子，例如：嘴巴。家長或教師依照所擲的結果進行文句接龍。例如：「後來我覺得肚子有點餓，就買了兩個紅豆餅，吃起來又香又甜。」

㈢交換角色繼續玩

根據前述的遊戲規則，教師或父母與兒童交換角色與順序。

三、道具或材料

♣感官骰子：將骰子的六面，改成眼睛、耳朵、鼻子、嘴巴、手、腳六種感官。

♥ 給父母與教師的小叮嚀 ──✳

1. 兒童在接龍的過程中，可能會有接不下去的情況，這時教師或家長可從旁加以引導或協助。

2. 為增加遊戲的緊張與趣味性，擲完感官骰子的人，須在限定的時間內（三十秒）說出句子。

3. 發布的主題情境，最好是包含較豐富的場景或人、事、物等，例如：「大賣場」、「百貨公司」、「學校」、「游泳池」……。

5-3　王子變青蛙

一、目標與功能

1. 培養兒童在語言的發展上，從單句到複句到小短文的使用。
2. 讓兒童學習了解運用句子之間的因果關係。
3. 培養兒童創造思考能力中的獨創力。

二、遊戲規則

㈠暖身活動

　　教師或家長為兒童說「青蛙變王子」的故事，再問兒童，王子如何變成青蛙？（參考答案：喝下神奇藥水、穿上青蛙道具服裝……），家長或教師盡量鼓勵具創意的答案。

㈡遊戲上場

1. 發布情境：家長或教師揭示主題：鳥籠 ⟶ （　）⟶ （　）⟶ 種子。並請問兒童：鳥籠怎樣變種子呢？
2. 輪流動腦筋㈠：兒童想第一個答案並說出句子，例如：「小鳥」，接著說出句子，例如：「鄰居的鳥籠裡面關著一隻小鳥。」
3. 輪流動腦筋㈡：家長或教師想第二個答案並說出句子，例如：「公園」，接著說出句子，例如：「有一天，小鳥從鳥籠飛走，飛到公

園去玩耍。」

　　4. 輪流動腦筋㈢：兒童用第三個答案說出句子，例如：「小鳥發現地
　　　上有一顆種子，就把它吃了進去。」

㈢交換角色繼續玩

　　家長或教師和兒童交換順序做接龍。

三、道具或材料

♣小白板和白板筆，將說出的接龍語句寫在小白板上。

 給父母與教師的小叮嚀

1. 如果兒童已經具備書寫能力，可以把造出來的句子寫下來。
2. 教師或家長覺得兒童已經愈來愈熟悉這項遊戲時，接龍可以增加為三到五
　 次。

5-4 恐龍在侏儸紀公園幫小朋友拔牙齒

一、目標與功能

1. 透過句法和語義錯用所造成的趣味性，激發兒童對語言學習的興趣。
2. 培養與啓發兒童進行語文創造思考的能力與習慣。

二、遊戲規則

㈠暖身活動

答非所問。教師或家長問兒童：「你會在廁所做什麼？」兒童要回答「不正確」的答案。例如：吃飯、喝水、跳繩……。其他問題如：「你三餐吃什麼？」、「你什麼時間睡覺？」

㈡遊戲上場

1. 準備：教師發給每位小朋友五張語詞卡，然後請小朋友依照「人」、「事」、「時」、「地」、「物」等要素，分別寫在語詞卡上，但必須是一個完整的句子。例如：「弟弟（人）昨天晚上睡覺前（時）在浴室（地）用牙刷（物）刷牙（事）。」
2. 示範遊戲：把小朋友的語詞卡通通蒐集以後，依照不同要素分別放置在不同小紙箱內。接著請小朋友從各個紙箱抽出一張語詞卡，然後把這句子唸出來，例如：「隔壁的李先生一大早就在海邊拿著手提電腦騎三輪車」，並請小朋友把他的句子寫在黑板上。
3. 引起好奇：進行若干回合後，老師可以指著其中一個較能引起好奇

的句子，問小朋友：「爲什麼會發生這樣的事情？」

4. 爲什麼會這樣：讓這件看起來荒謬或不太可能發生的句子變得合理化，甚至有特殊的意義，家長或教師和兒童以接龍的方式，對這件事共同完成一個能自圓其說的故事（參考附錄）。

5. 採小組討論的方式。

㈢交換角色繼續玩

由家長或教師抽語詞卡，兒童來發問：「爲什麼會發生這樣的事？」

三、道具或材料

♣將 A4 紙張裁成八小張語詞卡，總共約需三十張語詞卡。

♣五個小紙箱。

＜附錄＞

主題：恐龍在侏儸紀公園幫小朋友拔牙齒

張醫師是一位牙醫，他最大的煩惱就是每次幫小朋友看牙齒時。

有天他想到可以穿上恐龍服裝，再把診所布置成「侏儸紀公園」。來看病的小朋友看到他這一切，都又高興又驚訝，自然把嘴巴張得好大。

所以，現在只要進到張牙科，就會看到一隻恐龍幫小朋友拔牙齒。

給 父母與教師的小叮嚀 ＊

1. 若老師覺得抽出來的文句太不文雅，唸出即可，不需板書在黑板上。

2. 鼓勵小朋友盡量能說出一個有意義的短文或故事，也就是能夠「自圓其說」。兒童在接龍的過程中，可能會有接不下去的情況，這時教師或家長可從旁加以引導或協助。

3. 家長或教師可以把完成的短文寫下來或進行錄音。

4. 如果在教室，可以根據各組兒童說來的短文選出「最有趣味」、「最有創意」……等獎項。

5. 等兒童逐漸熟悉這項遊戲，可以讓兒童自行完成。

5-5 翻書說故事

一、目標與功能

1. 促進兒童對閱讀的興趣。
2. 培養兒童創造思考能力中的變通力與獨創力。

二、遊戲規則

㈠暖身活動

　　教師或父母找一本繪本，然後選定一項主題，例如：「人」；由教師或父母以及兒童輪流翻書，看誰翻到的兩個頁面中人數最多，誰就是贏家。

㈡遊戲上場

1. 選定繪本：教師或父母和兒童共同選定兩本繪本。
2. 繪本翻一翻：由兒童分別翻開兩本繪本，並各指定其中一頁。
3. 故事接龍㈠：教師或父母根據第一頁的圖畫內容，說出一個故事情境。
4. 故事接龍㈡：兒童根據第二頁的圖畫內容，接續前面的情境，並且做適當的結尾。

㈢交換角色繼續玩

　　根據前述的遊戲規則，教師或父母與兒童交換角色與順序。

三、道具或材料

♣繪本。

 給 父母與教師的小叮嚀

1. 教師或父母可以運用這項遊戲，作為介紹新書或提升兒童閱讀興趣的活動。
2. 如果兒童已經具備書寫能力，可以讓小朋友把造出來的句子或短文寫下來。
3. 當兒童漸漸熟悉兩幅圖的故事接龍，可以增加到三幅與四幅圖的接龍。
4. 在本遊戲中，愈是不同類的繪本書，愈能激發新的創意。

陸、綜合

6-1 跑步快得像火箭

一、目標與功能

1. 培養兒童學習比喻修辭的使用。
2. 豐富兒童在比喻修辭上，可以借用的事物（喻依）種類與內涵。
3. 培養兒童創造思考能力中的流暢力。

二、遊戲規則

㈠暖身活動

　　家長或老師和小朋友輪流說出細細長長的事物，例如：鉛筆、繩子。說不出答案的人要接受處罰，例如：說笑話給大家聽。

㈡遊戲上場

1. 準備主題：教師或家長事先準備一個紙箱，裡面放五項主題的紙條，例如：白色的事物、圓形的事物、速度很快的事物、速度很慢的事物、黑色的事物。
2. 抽出主題：請兒童抽出一個紙條，作為「主題」，例如：速度很快的事物。
3. 看誰想得多：家長或老師和小朋友輪流說出符合「主題」的事物；

教師或家長把大家輪流說出的答案記錄下來，例如：非洲獵豹、火箭……。

4. 形容的對象：教師或家長公布比喻的對象（喻體），例如：「姊姊跑步最快了。」

5. 說出句子：請兒童說出比喻的句子：例如：「姊姊跑步最快了，就像天上的火箭。」

㈢交換角色繼續玩

遊戲進行幾輪之後，可以讓兒童來決定「主題」，家長或教師來說出符合主題的事物與造句。

三、道具或材料

♣ 紙箱與紙條。

♣ 紙和筆。

給 父母與教師的小叮嚀

如果兒童已經具備書寫能力，可以讓小朋友把造出來的句子寫下來。

6-2　我的最愛

一、目標與功能

1. 培養兒童對物品描述與形容的能力。
2. 發展兒童在日常生活中的觀察習慣與能力。
3. 啓發兒童運用資訊科技記錄生活的習慣與能力。

二、遊戲規則

㈠暖身活動

　　教師或家長事先拍攝和兒童生活經驗有關地點的數位相片，再給兒童幾個提示，讓兒童猜一猜謎底是什麼。

㈡遊戲上場

1. 拍攝謎底：教師或家長事先請兒童用數位相機，拍攝自己最喜歡的事物。
2. 請你猜一猜：請兒童給一到三個提示，讓別人猜一猜謎底是什麼。
3. 提出問題：教師或家長根據相片中的內容，向兒童提問。例如「這個東西怎麼來的？」、「爲什麼喜歡這個東西？」、「你怎麼保存這個東西」、「什麼情況下，你會使用到這個東西？」
4. 我來回答：兒童根據問題來做回答，藉由雙方互動，促進兒童的發

表能力。

㈢交換角色繼續玩

教師或家長揭示自己最喜歡事物的數位相片，換由兒童來發問。

三、道具或材料

♣ 數位相機。
♣ 液晶投影或顯示器。

 給 父母與教師的小叮嚀

1.如果兒童已經具備書寫能力，可以讓小朋友把造出來的句子寫下來。
2.請兒童在拍攝某一項事物時，可以由不同的角度呈現。

6-3　晾衣服玩遊戲

一、目標與功能

1. 培養兒童學習做家事的習慣。
2. 從親子、師生的對話中，提升兒童語言的運用能力。
3. 促進親子間的互動與情感。

二、遊戲規則

㈠暖身活動

　　教師或家長請兒童找出一件自己喜歡的衣服，說出原因。

㈡遊戲上場

1. 一起晾衣服：家長帶著兒童一起晾衣服。
2. 教師或家長的回憶：教師或家長拿出一件自己的衣服，說出對這件衣服的深刻經驗。例如：「上次穿這件衣服，是我們一起在公園打棒球。」
3. 兒童的回憶：教師或家長拿出兒童的一件衣服，借用問題引導兒童思考與回答叙述。例如問兒童：「為什麼會有這件衣服？」
4. 回答與叙述：請兒童回答與叙述。例如兒童回答：「這件衣服，是去年暑假我們全家去綠島玩，我挑選這件衣服作為紀念。」

㈢交換角色繼續玩

遊戲進行一輪之後，可以讓兒童選擇衣服和問問題，家長或教師進行回答與叙述。

三、道具或材料

♣家中的衣服。

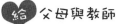

給父母與教師的小叮嚀

1. 暖身活動中，喜歡的理由不只一個，鼓勵兒童說出愈多個愈好。

2. 在兒童回答的過程中，教師或家長可以根據回答的內容，再追問後續的問題。

3. 參考問題：例如「這件衣服的主人是誰？」、「什麼時候穿這件衣服比較適合？」、「上次穿這件衣服發生什麼事？」「上次穿這件衣服去做什麼事？」等。

6-4　形容詞猜一猜～食物篇

一、目標與功能

1. 促進兒童對生活中事物的觀察。
2. 培養兒童後期語言發展的形容詞使用技能。
3. 培養兒童練習說出形容事物完整句子的能力。

二、遊戲規則

㈠暖身活動

　　教師或父母揭示一種以食物為謎底的謎語，例如：「圓身體，戴小帽、紅又綠，甜又酸」；謎底是「番茄」。

㈡遊戲上場

1. 選定謎底：教師或父母在心中先想好一種食物作為謎底，並且用小白板畫出謎底的食物，例如：波蘿麵包。
2. 教師或父母依據此一謎底的「外型（顏色、形狀）」、「味道或口感」、「什麼人最愛吃」，依序給兒童提示，例如：「長得像鳳梨；又甜又香；媽媽最愛吃。」
3. 比賽記分：兒童在第一個提示即猜出謎底，可以獲得三分；第二個提示即猜出謎底，可以獲得兩分；第三個提示即猜出謎底，可以獲

得一分。

4. 說出句子：教師或父母與兒童一起將前述的形容語詞結合，用來描述謎底，例如：「波蘿麵包長得像鳳梨，吃起來又香又甜，那是媽媽最愛吃的食物。」

㈢交換角色繼續玩

兒童決定謎底，由教師或父母猜謎。

三、道具或材料

♣小白板和白板筆。

給父母與教師的小叮嚀

1. 暖身活動的謎語，若取材自現成的謎語，則注意加以修改與簡化成適合兒童的程度。
2. 比賽記分可以設定目標，看看誰先到達設定的目標。而為了激發兒童的動機，父母與教師可以視情況在開始比賽的時候，讓兒童先獲勝。
3. 最後「說出句子」的練習是本活動的重要目標之一，父母與教師應落實此一練習。

6-5 形容詞猜一猜～物品篇

一、目標與功能

1. 促進兒童對生活中事物的觀察。
2. 培養兒童後期語言發展的形容詞使用技能。
3. 培養兒童練習說出形容事物完整句子的能力。

二、遊戲規則

㈠暖身活動

教師或父母揭示一種物品為謎底的謎語，例如：「四個圈圈跑得快，載著全家去遊玩」；謎底是「汽車」。

㈡遊戲上場

1. 選定謎底：教師或父母在心中先想好一種事物作為謎底，例如：鑰匙。

2. 教師或父母依據此一謎底的「外型（顏色、形狀）」、「什麼人最常用」、「功能」，依序給兒童提示，例如：「大頭細身子；爸爸和媽媽比較常用到；可以開門。」

3. 比賽記分：兒童在第一個提示即猜出謎底，可以獲得三分；第二個提示即猜出謎底，可以獲得兩分；第三個提示即猜出謎底，可以獲

得一分。

4.我的謎語：教師或父母與兒童一起將前述的形容語詞結合，變成一個自創的謎語，例如：「頭大身子細，爸爸出門帶著他，開門找他就對了」。（謎底是「鑰匙」）

㈢交換角色繼續玩

兒童決定謎底，由教師或父母猜謎。

三、道具或材料

♣小白板和白板筆。

 給 父母與教師的小叮嚀

1. 暖身活動的謎語，若取材自現成的謎語，則注意加以修改與簡化成適合兒童的程度。
2. 比賽記分可以設定目標，看看誰先到達設定的目標。而為了激發兒童的動機，父母與教師可以視情況在開始比賽的時候，讓兒童先獲勝。
3. 最後「我的謎語」的練習是本活動的重要目標之一，父母與教師應落實此一練習。

筆記欄

筆記欄

筆記欄

筆記欄

國家圖書館出版品預行編目資料

語言可以這樣玩：兒童語言發展遊戲與活動
　／王派仁、何美雪著.
-- 初版. -- 臺北市：心理, 2008.08
　　面；　公分 --（溝通障礙系列；65018）
含參考書目

ISBN 978-986-191-176-2（平裝）

1. 兒童語言發展

523.16　　　　　　　　　　　　　　　　　97013441

溝通障礙系列 65018

語言可以這樣玩：兒童語言發展遊戲與活動

作　　者：王派仁、何美雪
執行編輯：李　晶
總 編 輯：林敬堯
發 行 人：洪有義
出 版 者：心理出版社股份有限公司
地　　址：231 新北市新店區光明街 288 號 7 樓
電　　話：(02) 29150566
傳　　真：(02) 29152928
郵撥帳號：19293172　心理出版社股份有限公司
網　　址：http://www.psy.com.tw
電子信箱：psychoco@ms15.hinet.net
排 版 者：龍虎電腦排版股份有限公司
印 刷 者：東縉彩色印刷有限公司
初版一刷：2008 年 8 月
初版六刷：2020 年 12 月
I S B N：978-986-191-176-2
定　　價：新台幣 130 元